So verdienen Sie Geld, indem Sie auf Ihrem Stuhl vor dem PC sitzen

Inhalt

Online-Geldgenerierung

Webbasierte Beschaffung, auch Geldeinnahmen im Internet genannt, bezieht sich auf die gängigste Art, durch verschiedene Aktivitäten und wertvolle offene Türen im Internet Geld zu verdienen. Es ist im heutigen computerisierten Zeitalter immer bekannter und verfügbarer geworden. Hier sind einige wichtige Möglichkeiten, wie Einzelpersonen im Internet Geld verdienen können:

Was ist mit Inhalten zulässig?

Das Erlauben von Inhalten ist ein legitimer Plan, der einer Partei die Erlaubnis erteilt, die Inhalte einer anderen Partei im Rahmen bestimmter Vereinbarungen zu nutzen. Dieser Inhalt kann eine große Anzahl von Medien umfassen, darunter Texte, Bilder, Aufnahmen, Musik, Programme, und das ist erst der Anfang. Die Partei, die den Stoff beansprucht, der sogenannte Lizenzgeber, gewährt dem Lizenznehmer die Möglichkeit, seinen Stoff zu nutzen, normalerweise gegen Bezahlung, und legt dabei die Grenzen in einer zulässigen Vereinbarung fest.

Schlüsselkomponenten der Inhaltserlaubnis:

Darstellung des Inhalts: Der Inhalt sollte klar dargestellt werden, wobei die Sortierung, der Titel und alle anwendbaren Metadaten festgelegt werden sollten. Dadurch ist gewährleistet, dass die beiden Spieler genau sehen, was autorisiert wird.

Genehmigungserweiterung: Dies charakterisiert den Grad der gewährten Freiheiten. Es kann durchaus eine Elite sein, die dem Lizenznehmer die alleinige Freiheit einräumt, oder eine Nicht-Auswahl, die es verschiedenen Gruppen ermöglicht, die Substanz gleichzeitig zu nutzen.

Dauer: Die Genehmigungsdauer sollte bestimmen, wie lange die Substanz genutzt werden kann. Es kann sich durchaus um eine einsame Nutzung, einen bestimmten Zeitraum (z. B. ein Jahr) oder um eine unendliche Nutzung handeln.

Regionale Privilegien: Dieser Teil legt fest, wo die Substanz genutzt werden kann. Es kann sich durchaus um eine lokale, weltweite oder weltweite Übermittlung handeln.

Vergütung: Inhaltseigentümer entscheiden, wie sie für die Nutzung ihrer Inhalte entschädigt werden. Dies kann einmalige Belastungen, wiederkehrende Souveränitäten oder andere Ratenzahlungsstrukturen umfassen.

Nutzungsbeschränkungen: In Genehmigungsvereinbarungen werden häufig Beschränkungen für die Verwendung des Stoffes festgelegt. Zu diesen Einschränkungen können Änderungen, Neuzuweisungen oder Unterlizenzen gehören.

Urheberrecht und Besitz: Die Vereinbarung sollte den Urheberrechtsstatus des Inhalts angeben und bestätigen, dass der Lizenzgeber das legitime Recht hat, ihn zu erlauben.

Enderklärung: Diese Rahmenbedingungen legen die Umstände fest, unter denen die Genehmigungsvereinbarung beendet werden kann, und schützen die beiden Akteure im Falle von Debatten oder Unterbrechungen.

3.   Arten   von Inhaltsgenehmigungsvereinbarung en:

A. Selektive Genehmigung: Gewährt dem Lizenznehmer Eliteprivilegien, was bedeutet, dass keine andere Partei den Stoff während des Genehmigungszeitraums   nutzen kann.

B.   Nicht-Elite-Genehmigung: Erlaubt mehreren Lizenznehmern die gleichzeitige Verwendung des Stoffes, wobei der Stoffhersteller ihn   häufig   nur   wenigen Versammlungen gestattet.

. Unaufhörliche Genehmigung: Gibt dem   Lizenznehmer   unbegrenzte Freiheiten   hinsichtlich   der Substanz,   solange   er   den vereinbarten Bedingungen zustimmt.

D. Einmalige Nutzungserlaubnis: Gewährt dem Lizenznehmer die Verwendung der Substanz für einen Einzelfall oder eine bestimmte Aufgabe oder Mission.

e. Souveränitätsfreie Genehmigung: Ermöglicht dem Lizenznehmer die Nutzung des Stoffes ohne wiederholte Souveränitätszahlungen. Normalerweise zahlen sie einen einmaligen Aufwand für die Nutzung des Stoffes.

4. Sicherheit von Inhalten durch Genehmigungsvereinbarungen: Inhaltsersteller können ihre Arbeit durch Genehmigungsvereinbarungen

schützen, indem sie klare und gründliche Vereinbarungen treffen. Durch die Angabe von Nutzungsbeschränkungen, die Überprüfung der Konsistenz und die Anmeldung ihres Urheberrechts bei zuständigen Spezialisten können Hersteller ihre Rechtsposition stärken.

5. Unternehmungen unter Verwendung von Inhalten, sofern dies zulässig ist:
Sofern Inhalte zulässig sind, werden sie in verschiedenen Branchen eingesetzt, darunter Vertrieb, Medien und Unterhaltung, Werbung, Stock-Fotografie, Programmierung und Innovation. Es spielt in diesen Bereichen eine wichtige Rolle, indem es die legitime Nutzung kreativer Ressourcen ermöglicht.

Zusammenfassend lässt sich sagen, dass die Bereitstellung von Inhalten ein wesentlicher Bestandteil des kreativen und verbreitenden Unternehmens ist. Das Verständnis seiner Feinheiten und Komplexitäten ist für Content-Ersteller und -Distributoren von grundlegender Bedeutung, da es ihnen ermöglicht, ihre Arbeit zu teilen und gleichzeitig die Kontrolle über deren Nutzung zu behalten, ihre Privilegien zu schützen und Einnahmen aus ihren Veröffentlichungen zu erzielen.

SELBSTVERÖFFENTLICHUNG

3. Arten von Inhaltsgenehmigungsvereinbarungen:

A. Selektive Genehmigung: Gewährt dem Lizenznehmer Eliteprivilegien, was bedeutet, dass keine andere Partei den Stoff während des Genehmigungszeitraums nutzen kann.

B. Nicht-Elite-Genehmigung: Erlaubt mehreren Lizenznehmern die gleichzeitige Verwendung des Stoffes, wobei der Stoffhersteller ihn häufig nur wenigen Versammlungen gestattet.

C. Unaufhörliche Genehmigung: Gibt dem Lizenznehmer unbegrenzte Freiheiten hinsichtlich der Substanz, solange er den vereinbarten Bedingungen zustimmt.

D. Einmalige Nutzungserlaubnis: Gewährt dem Lizenznehmer die Verwendung der Substanz für einen Einzelfall oder eine bestimmte Aufgabe oder Mission.

e. Souveränitätsfreie Genehmigung: Ermöglicht dem Lizenznehmer die Nutzung des Stoffes ohne wiederholte Souveränitätszahlungen. Normalerweise zahlen sie einen einmaligen Aufwand für die Nutzung des Stoffes.

4. Sicherheit von Inhalten durch Genehmigungsvereinbarungen: Inhaltsersteller können ihre Arbeit durch Genehmigungsvereinbarungen

schützen, indem sie klare und gründliche Vereinbarungen treffen. Durch die Angabe von Nutzungsbeschränkungen, die Überprüfung der Konsistenz und die Anmeldung ihres Urheberrechts bei zuständigen Spezialisten können Hersteller ihre Rechtsposition stärken.

5. Unternehmungen unter Verwendung von Inhalten, sofern dies zulässig ist:

Sofern Inhalte zulässig sind, werden sie in verschiedenen Branchen eingesetzt, darunter Vertrieb, Medien und Unterhaltung, Werbung, Stock-Fotografie, Programmierung und Innovation. Es spielt in diesen Bereichen eine wichtige Rolle, indem es die legitime Nutzung kreativer Ressourcen ermöglicht.

Zusammenfassend lässt sich sagen, dass die Bereitstellung von Inhalten ein wesentlicher Bestandteil des kreativen und verbreitenden Unternehmens ist. Das Verständnis seiner Feinheiten und Komplexitäten ist für Content-Ersteller und -Distributoren von grundlegender Bedeutung, da es ihnen ermöglicht, ihre Arbeit zu teilen und gleichzeitig die Kontrolle über deren Nutzung zu behalten, ihre Privilegien zu schützen und Einnahmen aus ihren Veröffentlichungen zu erzielen.

7. Print-on-Demand: Print-on-Request-(Einheits-)Verwaltungen sind ein entscheidender Vorteil beim unabhängigen Veröffentlichen. Sie ermöglichen es

Autoren, Bücher nach Bedarf zu drucken, wodurch die Notwendigkeit direkter Auflagen und Kapazitätskosten entfällt. Dies garantiert eine praktischere Methodik.

8. E-Books: Digitale Bücher sind aufgrund ihrer Bequemlichkeit und Offenheit ein bekanntes Design im unabhängigen Verlagswesen. Autoren können ihre Aufsätze für Tablets zusammenstellen oder Änderungsverwaltungen verwenden, die von unabhängigen Veröffentlichungsstufen bereitgestellt werden.

9. Creator-Markierung: Der Aufbau einer Creator-Marke ist für den langfristigen Erfolg von entscheidender Bedeutung. Autoren sollten über ihr kompositorisches

Spezialgebiet und ihre ideale Interessengruppe nachdenken und in ihren Werken eine vorhersehbare Schriftstellerpersönlichkeit schaffen.

10. Vertrieb: Unabhängig veröffentlichte Bücher können weltweit über Online-Händler und Buchhandlungen vertrieben werden, wenn die Vorteile des Print-on-Request genutzt werden. Einige Autoren entscheiden sich auch dafür, Buchaufzeichnungsdesigns für mehr Offenheit zu untersuchen.

Das unabhängige Publizieren bietet mit seiner erfinderischen Kontrolle und seinem Produktivitätspotenzial sowohl für lokale als auch für globale Autoren und Verleger einen spannenden Weg. Wie dem auch sei, es ist wichtig, mit beeindruckendem Geschick, Hingabe und einem angemessenen Verständnis des Marktes an die Sache heranzugehen. Letztendlich bietet die unabhängige Veröffentlichung den Schöpfern die Möglichkeit, ihre Berichte und Fähigkeiten entsprechend ihren Bedingungen der Welt mitzuteilen.

SYNDIKATION VON INHALTEN

Content-Partnerschaft ist ein wichtiger Prozess im Bereich der digitalen Verbreitung, und eine Strategie kann Ihnen als Autor und Verleger dabei helfen, eine größere Zielgruppe zu erreichen. Dazu gehört die erneute Veröffentlichung Ihres Inhalts auf externen Websites oder Bühnen, um den Umfang und das Engagement Ihres Inhalts zu erweitern. Hier ist ein Handbuch, das Sie bei der Erkundung des Universums der Content-Partnerschaft unterstützt.

1. Finden Sie Ihre Ziele heraus:
Bevor Sie mit der Content-Partnerschaft beginnen, ist es wichtig, Ihre Ziele zu charakterisieren. Kann man mit

Sicherheit sagen, dass Sie sich für Goldbetrug, mehr Website-Traffic oder im Grunde genommen für einen Laienexperten in Ihrem Fachgebiet entscheiden? Die Verwirklichung Ihrer Ziele wird Ihr System steuern.

2. Erstklassiger Inhalt:
Der Inhalt Ihres Unternehmens sollte von höchster Qualität sein. Grundsätzlich ist es gut informiert, elegant komponiert und fesselnd. Inhalte von geringer Qualität führen nicht zu den idealen Ergebnissen.

3. Wählen Sie geeignete Phasen aus:
Erkennen Sie Phasen und Standorte, die für Ihr Fachgebiet und Ihre Interessengruppe relevant sind. Diese sollten einen guten Ruf und ein gutes Maß an Verkehr haben. Zu den bekanntesten

Optionen gehören Medium, LinkedIn und branchenspezifische Websites.

4. Wiederverwenden, nicht kopieren:
Versuchen Sie beim Partnering von Inhalten, diese nicht vollständig zu kopieren. Wenn alle Dinge gleich bleiben, können Sie es wiederverwenden, indem Sie geringfügige Variationen vornehmen, z. B. einen alternativen Titel oder eine andere Präsentation verwenden oder neue Wissenseinheiten hinzufügen. Dies kann dabei helfen, Probleme bei der Website-Optimierung im Zusammenhang mit dem Kopieren von Inhalten zu vermeiden.

5. Rechtmäßige Namensnennung:

Stellen Sie stets sicher, dass Sie mit der korrekten Nennung der Erstquelle Schritt halten. Dies sichert Ihre Rechte und ermöglicht es Ihnen, mit Durchsuchungen und Webcrawlern zu arbeiten.

6. Partnerschaftsvereinbarungen: Angenommen, Sie arbeiten mit größeren Distributionen zusammen, könnten dort Partnerschaftsregeln und -vereinbarungen gelten. Machen Sie sich mit diesen Begriffen wirklich vertraut und befolgen Sie alle darin enthaltenen Anforderungen.

7. Überlegungen zur Verbesserung des Website-Designs: Denken Sie daran, dass Partnerinhalte möglicherweise nicht so viel zur Verbesserung des Website-Designs Ihrer Website

beitragen wie einzigartige Inhalte. Wie dem auch sei, es kann auf jeden Fall Traffic generieren und Ihr Talent unter Beweis stellen.

8. Konsistenz:
Partnern Sie Ihre Substanz konsequent. Konsistenz ist von entscheidender Bedeutung, um eine Gruppe von Menschen aufzubauen und die Leser zu fesseln.

9. Erweitern Sie Ihre Partnerinhalte:
Im Zuge der Partnerschaft entwickeln Sie Ihre Artikel auf Ihrer eigenen Basis weiter, z. B. virtuelle Unterhaltung, E-Mail-Broschüren und Ihre Website. Regen Sie Gespräche und Zusammenarbeit an.

10. Ergebnisse analysieren:

Nutzen Sie Untersuchungsgeräte, um die Präsentation Ihrer Partnerinhalte zu verfolgen. Sehen Sie sich Messwerte wie Traffic, Engagement und Transformationen an. Diese Informationen können Ihnen nach einiger Zeit dabei helfen, Ihr System zu verfeinern.

FREIBERUFLICHES SCHREIBEN

Sicherlich kann ich Ihnen eine Hilfestellung zum selbstständigen Komponieren geben. Als Essayist und Verleger können diese Daten für Ihre Arbeit wertvoll sein. Unabhängiges Schreiben kann ein lohnender Beruf sein, der es Ihnen ermöglicht, Ihren Einfallsreichtum zu zeigen und von Ihrer Leidenschaft zu leben. Hier ist eine detaillierte Anleitung zum Einstieg in die unabhängige Komposition:

1. Beschreiben Sie Ihr Fachgebiet: Finden Sie heraus, welche Fächer oder Kurse Sie generell interessieren und über welche Kenntnisse Sie verfügen. Dies wird Ihnen dabei helfen, Ihr Fachgebiet aufzuspüren und sich auf die richtigen Kunden zu konzentrieren.

2. Erstellen Sie ein Portfolio: Stellen Sie Ihre besten Schreibtests zusammen. Wenn Sie gerade erst anfangen, denken Sie darüber nach, Testartikel oder Blogeinträge zu Themen zu verfassen, die Sie interessieren, um Ihre Fähigkeiten unter Beweis zu stellen.

3. Richten Sie eine internetbasierte Präsenz ein: Erstellen Sie eine Expertenseite oder einen Blog, auf dem potenzielle Kunden einen genaueren Blick auf Sie werfen können. Dies ist ein grundlegendes Mittel zur persönlichen Weiterentwicklung.

4. Unabhängige Phasen: Treten Sie Outsourcing-Sites wie Upwork, Consultant oder Fiverr bei. Diese Bühnen verbinden Journalisten mit

Kunden, die nach unterschiedlichen Inhalten suchen.

5. Netzwerken: Besuchen Sie Autorentreffen und Studios und treten Sie Autorennetzwerken bei. Die Systemadministration kann Sie bei der Kommunikation mit erwarteten Kunden und anderen Wissenschaftlern unterstützen.

6. Pitching und Empfehlungen: Machen Sie beim Verfassen von Positionen individuelle Pitches und Vorschläge. Zeigen Sie Ihr Können und wie Sie dem Kunden einen Anreiz bieten können.

7. Recherchieren Sie Ihre Kunden: Bevor Sie eine Aufgabe annehmen, recherchieren Sie Ihre Kunden, um sicherzustellen, dass sie seriös sind und für Ihre Arbeit bezahlen.

8. Preisgestaltung: Legen Sie Ihre Bewertungsstruktur fest. Sie können pro Wort, pro Stunde oder pro Projekt abrechnen. Informieren Sie sich über Branchennormen, um seriöse Tarife festzulegen.

9. Zeit produktiv nutzen: Selbstständiges Komponieren erfordert ein hohes Maß an Zeitnutzungsfähigkeiten. Legen Sie Cutoff-Zeiten fest und halten Sie diese ein, um den Status eines Experten zu wahren.

10. Verträge: Erstellen Sie stets eine schriftliche Vereinbarung mit Ihren Kunden. Dies sollte den Arbeitsumfang, die Ratenzahlungsbedingungen und die Annahmeschlusszeiten festlegen.

11. Überarbeitungen: Seien Sie bereit, angesichts der Kritik des Kunden Änderungen vorzunehmen. Eine klare Korrespondenz ist wichtig.

12. Unaufhörliches Lernen: Bleiben Sie beim Verfassen von Mustern und Verfahren auf dem Laufenden. Das Schreibgeschäft schreitet voran, also arbeiten Sie weiter an Ihren Fähigkeiten.

13. Ausgaben und Mittel: Überwachen Sie Ihre Gehälter und Kosten zu Abrechnungszwecken. Erwägen Sie, einen Finanzberater um Rat zu fragen.

14. Bauen Sie eine Marke auf: Arbeiten Sie auf lange Sicht daran, Stärkebereiche für einen Essayisten aufzubauen. Kontinuität in Qualität

und Stil kann Ihnen dabei helfen, aus der Masse hervorzustechen.

15. Marketing: Fördern Sie Ihre Verwaltung durch webbasierte Unterhaltung, Beiträge zu einem Blog und andere Präsentationsmethoden, um zusätzliche Kunden zu gewinnen.

16. Entlassungen überwachen: Entlassungen sind wichtig für das unabhängige Schreibunternehmen. Profitieren Sie davon und machen Sie weiter.

17. Bleiben Sie kompetent: Bleiben Sie während der gesamten Zusammenarbeit mit Kunden mit erstaunlichen Fähigkeiten auf dem Laufenden, auch wenn Sie problematische Kunden haben.

Denken Sie daran, dass unabhängiges Schreiben eine Herausforderung sein kann, aber mit Hingabe und Beständigkeit können Sie eine erfolgreiche Karriere aufbauen. Eine Exkursion beinhaltet ständiges Lernen und die Anpassung an die sich ändernden Anforderungen des Unternehmens. Ich wünsche Ihnen viel Glück bei Ihren Versuchen, selbständig zu schreiben, und ich vertraue darauf, dass dieser Leitfaden Ihnen auf Ihrem Weg als Essayist und Verfasser weiterhilft.

Content-Marketing-Service

Die Inhaltswerbung umfasst verschiedene Verwaltungen, die Sie bei der Erreichung Ihrer Ziele unterstützen können. Hier sind einige kritische Gesichtspunkte, die es zu berücksichtigen gilt:

Inhaltserstellung: Dies steht im Mittelpunkt der Inhaltspräsentation. Tolle Artikel, Blogeinträge, Aufzeichnungen, Infografiken und mehr können auf jede erdenkliche Weise erstellt werden, um Ihr Publikum anzulocken. Der Schlüssel liegt darin, wichtige Daten bereitzustellen, die bei Ihren Lesern Anklang finden.

Verbesserung des Website-Designs: Es ist dringend erforderlich, sicherzustellen, dass Ihre Inhalte durch Webcrawler verbessert werden. Dazu gehören Schlagwortrecherche, Verbesserung des On-Page-Website-Designs und Verfahren zur Einrichtung externer Links, um die Täuschbarkeit Ihrer Substanz in Web-Indizes zu ermitteln.

Webbasierte Unterhaltung Die Führungskräfte: Zur erfolgreichen Präsentation von Inhalten gehört häufig die Weiterentwicklung Ihrer Inhalte auf verschiedenen Bühnen der webbasierten Unterhaltung. Für diese Hilfe ist es wichtig, sich um Ihre Online-Unterhaltungspräsenz zu kümmern, gemeinsam nutzbare Inhalte zu schaffen und Ihr Publikum anzulocken.

E-Mail-Werbung: Diese Hilfe umfasst das Erstellen und

Versenden von E-Mail-Missionen an Ihre Unterstützer. Es ist eine großartige Möglichkeit, Leads zu unterstützen, Verbindungen herzustellen und Ihr Publikum auf dem Laufenden zu halten.

Inhaltsaneignung: Es ist von grundlegender Bedeutung, Ihre Inhalte der richtigen Masse vorzustellen. Durch die Verwendung verschiedener Aneignungskanäle, z. B. Besucherbeiträge auf bestimmten Websites oder die Nutzung von Content-Partnerschaften, können Sie Ihren Wirkungsbereich erweitern.

Prüfung und Bekanntmachung: Um die Realisierbarkeit Ihrer Substanzpräsentationsbemühungen zu beurteilen, ist es von entscheidender Bedeutung, die Informationen zu prüfen. Es unterstützt Sie dabei, fundierte Entscheidungen zu treffen und verfeinert Ihre Techniken.

Verbesserung der Inhaltsmethodik: Die Erstellung eines Substanzverfahrens, das auf Ihre Geschäftsziele zugeschnitten ist, ist von großer Bedeutung. Dazu gehört die Charakterisierung Ihrer Interessengruppe, die Erstellung eines Inhaltsplans und die Planung der Art von Inhalten, die Sie erstellen möchten.

Als Essayist und Verleger genießen Sie einen einzigartigen Vorteil in der Welt der Substanzwerbung. Es ist wichtig, dass Sie es beherrschen, eine Verbindung zu gut organisierter und sprachlich fundierter Substanz herzustellen. Wenn Sie dies mit den richtigen, fröhlichen Präsentationsdiensten zusammenarbeiten, können Sie ein größeres Publikum erreichen und Ihre Ziele erreichen, unabhängig davon, ob es darum geht, Ihre eigene Arbeit voranzutreiben oder andere Organisationen bei ihren Werbebemühungen zu unterstützen.

Denken Sie daran, dass der Weg zu einer effektiven Substanzwerbung nicht nur darin besteht, Inhalte zu erstellen, sondern auch darin, die Bedürfnisse und Neigungen Ihres Publikums zu verstehen und Inhalte, die sie ansprechen, zuverlässig zu vermitteln. Dieser individuelle Ansatz kann den Erfolg Ihrer Substanzwerbung maßgeblich beeinflussen.

Affiliate-Marketing

Mitgliederförderung ist ein dynamischer und lohnenswerter internetbasierter Aktionsplan, der sowohl weltweit als auch lokal Bekanntheit erlangt hat. Als Essayist und Verfasser sind Sie wahrscheinlich mit der Idee vertraut; Wir sollten uns jedoch genauer damit befassen.

Im Kern handelt es sich beim Filial-Showcasing um eine präsentationsbasierte Präsentationstechnik, bei der Einzelpersonen oder Organisationen Produkte oder Dienstleistungen durch Ablegerverbindungen auf ihrer Grundlage vorantreiben. Diese Phasen können Websites, Webjournale, Online-Unterhaltung oder sogar E-Mail-Broschüren sein. Wenn ein Gast Ihrer Stiftung eine Ablegerverbindung nutzt und einen Kauf tätigt, erhalten Sie eine Provision.

Hier ist eine Aufschlüsselung der entscheidenden Komponenten der Mitgliederwerbung:

Suche nach Partnerprojekten: Nachdem Sie sich für ein Fachgebiet entschieden haben, müssen Sie Ablegerprogramme erkennen, die Artikel oder Dienstleistungen im Zusammenhang mit Ihrem Fachgebiet anbieten. Viele Organisationen, von Amazon bis hin zu bestimmten Webshops, führen Partnerprogramme durch.

Inhaltserstellung: Als Essayist und Verleger liegt Ihre Solidarität in der zufriedenen Erstellung. Sie können Artikel, Blogeinträge, Artikelbewertungen, Aufzeichnungen oder andere Inhalte erstellen, die die Ablegerartikel oder -verwaltungen umfassen. Ihr Inhalt sollte für Ihr Publikum lehrreich und unterstützend sein.

Werbung: Ihre Nebenverbindungen sollten eindeutig in Ihrem Unternehmen verankert sein. Es ist wichtig, Artikel oder Dienstleistungen so zu verkaufen, dass sie nicht übermäßig verkaufsfördernd wirken. Alles in allem geht es darum, sich um die Anforderungen und Probleme Ihrer Leser zu kümmern, mit dem Partnerartikel als Antwort.

Einer Untersuchung folgen: Die meisten Mitgliedsprogramme bieten folgende Tools an, damit Sie die Präsentation Ihrer Kontakte überprüfen können. Diese Informationen sind von entscheidender Bedeutung für die Optimierung Ihrer Werbemaßnahmen.

Compliance: Es ist wichtig, die Richtlinien und Offenlegungsanforderungen der Partnerwerbung einzuhalten, sowohl auf globaler als auch auf lokaler Ebene. Bringen Sie Ihre Mitgliederbeziehungen offensichtlich in Ihrer Substanz zum Ausdruck.

Vertrauen aufbauen: Vertrauen ist der Schlüssel zur Mitgliederförderung. Ihre Leser sollten Ihren Vorschlägen vertrauen. Daher ist es wichtig, die Wahrheit zu sagen und nur die Produkte oder Dienstleistungen zu empfehlen, auf die Sie wirklich Wert legen.

Skalieren und Erweitern: Wenn Sie Erkenntnisse gewinnen und Ergebnisse erzielen, können Sie die Präsentationsbemühungen Ihrer Mitglieder skalieren, indem Sie sie zufriedener machen, sich in verwandte Fachgebiete wagen oder verschiedene Nebenprojekte untersuchen.

Ständiges Lernen: Die Partnerförderungsszene entwickelt sich ständig weiter und es entstehen neue Verfahren und Geräte. Als Essayist und Verleger ist es für Ihren Erfolg wichtig, erfrischt zu bleiben.

Zusammenfassend lässt sich sagen, dass die Präsentation von Ablegern Journalisten und Verlegern eine hervorragende Möglichkeit bietet, ihre Inhalte anzupassen und gleichzeitig wichtige Informationen an ihr Publikum weiterzugeben. Indem Sie sich auf qualitativ hochwertige Inhalte konzentrieren, Vertrauen aufbauen und Ihre Methoden kontinuierlich verfeinern, können Sie von der Präsentation Ihrer Tochterunternehmen sowohl lokal als auch global profitieren.

ONLINE-KURS UND E-LEARNING

Online-Kurse und E-Learning haben in letzter Zeit den Ort der Vorbereitung verändert. Als Autor und Verleger sind Sie sich wahrscheinlich der grundlegenden Auswirkungen bewusst, die diese modernisierten Lernsysteme sowohl auf die allgemeinen als auch auf die umliegenden Märkte hatten. Könnten wir näher auf dieses Thema eingehen?

Der Aufstieg der Internet-Nachhilfe:

Das Internet hat den Menschen enorme Möglichkeiten eröffnet, bequem von zu Hause aus auf Daten und Kapazitäten zuzugreifen. Mit der Methodik von Online-Kursen und E-Learning-Phasen haben Menschen heute die Flexibilität, in ihrem eigenen Tempo und entsprechend ihren eigenen Neigungen zu lernen. Dies hat zu einer Demokratisierung der Beratung sowie zu einzelnen geografischen Hindernissen geführt.

Kursangebot:

Einer der spannendsten Aspekte des E-Learnings ist die große Anzahl der verfügbaren Themen und Schwerpunkte. Von akademischen Fächern wie Naturwissenschaften und Geschichte bis hin zu realistischen Fähigkeiten wie Programmieren,

Kochen und überraschenderweise explorativem Schreiben (was für Ihr Profil besonders relevant ist) ist für jeden etwas dabei. Online-Kurse gehen auf die unterschiedlichen Interessen und Bedürfnisse von Studierenden ein.

Gesamtreichweite:

Als allgemeiner und nahegelegener Vertriebshändler haben Sie höchstwahrscheinlich die Gesamtreichweite der Online-Beratung gesehen. Studierende und Fachkräfte können an Kursen teilnehmen, die von Schulen und Experten aus der ganzen Welt angeboten werden. Diese Globalisierung der Beratung eröffnet zusätzliche Möglichkeiten für die Erstellung von Inhalten, da Sie darüber nachdenken können, Materialien zu verteilen, die bei einer größeren Gesamtgruppe Anklang finden.

Anpassungsfähiges Lernen:

E-Learning-Phasen kombinieren oft flexible Lernimpulse, die die Entwicklungschancen verändern. Diese Mode richtet sich nach den Bedürfnissen und Lernstilen der einzelnen Schüler. Es ist ein geradezu aufregender Bezirk für Autoren und Verleger, da die Erstellung flexibler und ansprechender Inhalte erhebliche

Einschränkungen mit sich bringen kann.

Herausforderungen und Einstiegsmöglichkeiten:

Während die Internetvorbereitung verschiedene Vorteile bietet, bringt sie auch Probleme mit sich. Einbruchdiebstahl in der Wissenschaft ist beispielsweise ein Grundanliegen. Als Autor und Verleger klären Sie die Bedeutung außergewöhnlicher Inhalte. Erwägen Sie Forschungsschwerpunkte wie die Fälschung erkennbarer Beweise und Möglichkeiten, sich über die Zuverlässigkeit von Online-Beratungen im Klaren zu sein.

Das unvermeidliche Schicksal der Führung:

Alles in allem warten Online-Kurse und E-Learning auf Sie. Als Autor und Verleger können Sie eine wichtige Rolle bei der Gestaltung des Schicksals des Schreibens spielen, indem Sie hochwertige, bemerkenswerte Inhalte vermitteln, die die Online-Wachstumschancen weiterentwickeln. Durch die kontinuierliche Weiterentwicklung des E-Learning-Universums kann Ihre Arbeit insgesamt zur Verbesserung von Daten und Kapazitäten beitragen .

Crowdfunding und Geschenke

Sind zwei grundlegende Teile der Finanzierung verschiedener fantasievoller Unternehmungen, insbesondere im Bereich des Komponierens und Verteilens. Als Essayist und Verleger sind Sie sich wahrscheinlich der Bedeutung dieser Finanzierungsstrategien sowohl global als auch lokal bewusst.

Crowdfunding:

Crowdfunding hat im Laufe der letzten zehn Jahre enorm an Bedeutung gewonnen und bietet Journalisten und Verleihern die Möglichkeit, ihre Vorhaben zu finanzieren. Plattformen wie

Kickstarter, Indiegogo und GoFundMe bieten Menschen die Möglichkeit, ihre kreativen Gedanken einzubringen und von einer großen Menschenmenge finanzielle Unterstützung zu erhalten. Wissenschaftler können diese Phasen nutzen, um ihre Buchprojekte zu subventionieren, während Verleger Crowdfunding in Betracht ziehen können, um eindeutige Verteilungen oder kreative Gedanken zu unterstützen.

Der Weg zu einem erfolgreichen Crowdfunding liegt darin, eine überzeugende Geschichte zu schaffen, die bei den potenziellen Wohltätern Anklang findet. Ihre Erfahrung als Essayist ist dabei eine wichtige Ressource. Erzählen Sie

Ihre Aufgabe, ihre Bedeutung und warum die Leute dabei helfen sollten. Bieten Sie verlockende Auszeichnungen als Sponsoren an, z. B. markierte Duplikate Ihres Buchs, ausgewählte Inhalte oder einen begrenzten Bestand an Versionen.

Während der gesamten Mission ist es von entscheidender Bedeutung, mit der Masse in Kontakt zu kommen. Gewöhnliche Updates, Dankeskarten und, überraschenderweise, Hintergrundinhalte können dabei helfen, mit der Aufregung Ihrer Verbündeten Schritt zu halten.

Spenden:

Geschenke hingegen sind oft eine einfachere Form der finanziellen Unterstützung für Wissenschaftler und Vertreiber. Sie können aus verschiedenen Quellen stammen, darunter Menschen, die Ihre Arbeit schätzen, künstlerische Vereinigungen oder Auszeichnungen von Institutionen.

Bei der Suche nach Geschenken ist es wichtig, den Wert Ihrer Komposition oder Spende für die Gesellschaft, die Kultur oder einen bestimmten lokalen Bereich hervorzuheben. Erwähnen Sie Ihre Erfolge und wie frühere Hilfe zu Ihrem Wohlstand beigetragen hat. Individuelle, aufrichtige Anfragen können äußerst realisierbar sein.

Ziehen Sie in Betracht, sich mit nahegelegenen Bibliotheken, Schulen oder Kompetenzverbänden zusammenzuschließen, die möglicherweise daran interessiert sind, Ihre Kompositionsversuche zu unterstützen. Der Aufbau solider Beziehungen zu diesen Einrichtungen kann wertvolle Türen für Geschenke öffnen, insbesondere wenn Ihre Arbeit mit deren Zielen und Vorgaben übereinstimmt.

Alles in allem spielen Crowdfunding und Spenden eine entscheidende Rolle für die Existenz eines Essayisten und Verlegers. Der Einsatz Ihrer Schreibfähigkeiten, um überzeugende Accounts zu erstellen und mit Ihrem Publikum in Kontakt zu treten, ist für den Erfolg auf diesen beiden Subventionswegen von entscheidender Bedeutung. Egal, ob Sie weltweite Hilfe durch Crowdfunding oder lokale Unterstützung durch Geschenke suchen, Ihre Fähigkeit, eine überzeugende Geschichte zu erzählen, wird Ihre Möglichkeiten für finanziellen Fortschritt im Bereich des Verfassens und Verteilens erheblich verbessern.

INHALTSPRÜFUNG:

Selbstverständlich kann ich Ihnen als Essayist und Verfasser die Richtung und die Bearbeitung Ihrer

Inhalte geben. Die Bewertung und Änderung von Inhalten sind wichtige Phasen im Erstellungs- und Verteilungsprozess.

Inhaltliche Prüfung:

Bedeutung des Inhalts: Stellen Sie sicher, dass Ihr Inhalt mit der erwarteten Botschaft und dem erwarteten Publikum übereinstimmt. Ist der Punkt eindeutig und geht er auf die Probleme ein, die Sie gelesen haben?

Bau und Strom: Prüfen Sie, ob Ihr Stoff einen einheitlichen Aufbau hat. Es sollte mit Stärken beginnen, gefolgt von effizienten Kernthemen, und schließlich enden.

Klarheit und Kompaktheit: Stellen Sie sicher, dass Ihre Texte verständlich und prägnant sind. Vermeiden Sie Sprache oder übermäßig komplexe Sätze, die den Leser verwirren könnten.

Sprache und Akzentuierung: Korrigieren Sie etwaige Syntax- und Akzentuierungsfehler. Stellen Sie sicher, dass Ihr Inhalt den Richtlinien des richtigen Englisch entspricht.

Ton und Stimme: Stellen Sie sicher, dass der Ton und die Stimme Ihrer

Substanz zum Thema und der Zielgruppe passen.

Bearbeitung:

Korrekturlesen: Überprüfen Sie Ihre Inhalte sorgfältig auf typografische Fehler, falsche Schreibweisen und kleine sprachliche Fehltritte.

Umschreiben: Wenn dies wichtig ist, überarbeiten Sie Bereiche Ihres Inhalts, um die Klarheit, Solidität und allgemeine Qualität weiter zu verbessern.

Faktenprüfung: Bestätigen Sie die Genauigkeit aller in Ihrem Stoff enthaltenen Fakten oder Daten.

Konsistenz: Gewährleisten Sie eine gleichmäßige Verwendung von Stil, Arrangement und Phrasierung während Ihrer gesamten Arbeit.

Zitate: Stellen Sie sicher, dass auf alle Quellen oder Referenzen angemessen verwiesen wird, vorausgesetzt, Ihr Inhalt enthält Explorationen oder Zitate.

Feedback: Denken Sie darüber nach, Kritik von anderen einzuholen, etwa von Beta-Lesern oder einzelnen Autoren, um alternative Sichtweisen auf Ihre Arbeit zu erhalten.

Denken Sie daran, dass es für Sie als Essayist und Verfasser von grundlegender Bedeutung ist, die Qualität und Ehrlichkeit Ihres Textes im Auge zu behalten. Machen Sie weiter und geben Sie weitere Einblicke in die jeweilige Substanz, bei der Sie Hilfe benötigen, und ich kann Ihnen eine individuellere Anleitung anbieten.